Das Komplott der Amtsaerzte

AF191570

DER AUTOR

Ingo Michael Simon ist Diplom-Pädagoge und Heilpraktiker für Psychotherapie. In seiner psychotherapeutischen Praxis arbeitet er mit Hypnose und Gesprächstherapie. Bereits mit seinem ersten Buch "Die Erben des Dädalus" (Erstauflage 2006) ist er als Kritiker helfender Berufe bekannt geworden. Als Fachbuchautor von mehr als zehn Büchern zur Prüfungsvorbereitung für Heilpraktiker, sowie als Ausbilder verschiedener Kurse und Weiterbildungen, kennt und verfolgt er seit Jahren die Prüfungsanforderungen und die Arbeitsbedingungen in der heilkundlichen Praxis. Sie erreichen den Autor über seine Homepage *www.praxissimon.de.*

Das Komplott der Amtsaerzte

Amtsaerzte

Ingo Michael Simon
Ein Realist

IMPRESSUM

2008 INGO MICHAEL SIMON
HERSTELLUNG UND VERLAG
BOOKS ON DEMAND GMBH
NORDERSTEDT
ISBN 978 3 8370 6399 8

INHALT

Einmal Amtsarzt und zurueck

Heilpraktiker ist für viele eine Art Traumberuf. Mögen auch insgesamt die Zahlen der Teilnehmer bei den amtsärztlichen Überprüfungen rückläufig sein, so streben doch immer noch sehr viele die Tätigkeit eines Heilpraktikers oder Heilpraktikers für Psychotherapie an. Traumhaft scheint aber vor allem die Tatsache zu sein, dass man im Grunde genommen keine Ausbildung braucht, um zur Prüfung zu gehen, und daher mit einer ganz eigenen Idee dessen, was man gelernt haben sollte, dort antreten kann. Es hat sich glücklicherweise herumgesprochen, dass die Erlaubnis nicht verschenkt wird und dass die Prüfung entsprechend schwer ist. Auch wenn so viele darüber klagen, ich bin ganz froh, dass es so ist, denn unser Beruf muss nicht noch durch eine fadenscheinige Prüfung, die ihre Bezeichnung nicht verdient, abgewertet werden. Ich arbeite selbst hauptberuflich als Heilpraktiker für Psychotherapie in meiner Praxis und begleite regelmäßig angehende Heilpraktiker bei der Vorbereitung auf ihre Überprüfung. Immer wieder erlebe ich, dass die Anforderungen, die der Amtsarzt, der die Prüfung abnimmt, an die Anwärter stellt, weit unterschätzt werden. Die Überraschung ist dann oft groß und ebenso das Gejammer hinterher. Von der Verschwörung der Amtsärzte ist da die Rede und davon, dass sie uns einfach hassen und daher nur maßlos schwere Prüfungen zusammenbasteln. Das ist natürlich bequem und entlastet von der eigenen Verantwortung für den Misserfolg in der Prüfung. Das eigentlich Erstaunliche ist, dass sich inzwischen ein Mythos von nicht zu bestehenden Prüfungen und völlig ungerechten Bewertungen aufgebaut hat und gleichzeitig von vielen immer noch relativ oberflächlich und nachlässig gelernt wird. Seit Jahren biete ich Ausbildungsmöglichkeiten für angehende Heilpraktiker an (Ich verwende in diesem Buch meistens die Bezeichnung Heilpraktiker ohne weiteren Zusatz und meine dabei sowohl den Heilpraktiker für Psychotherapie als auch den Gesamtheilpraktiker. Sprachlich ist das nicht ganz korrekt aber es ist einfacher). Dabei begegnen mir immer wieder die gleichen Horrorgeschichten aus vergangenen Prüfungen und ich frage mich, woher all das interne Wissen über Prüfungsvorgänge und Absprachen der Amtsärzte hinter den Kulissen eigentlich kommt. Beantworten kann mir das niemand. Das erwarte ich aber auch nicht wirklich, denn ich bin mir sicher, dass das meiste nichts weiter als Seemannsgarn ist. Geschichten, die erfunden wurden, um das eigene Scheitern aushaltbarer zu machen und nicht eingestehen zu müssen, dass die persönliche Vorbereitung nicht ausreichend war. Wenn auch die meisten behaupten, sie hätten unheimlich viel gelernt und sich detailliert und umfassend vorbereitet, stimmt das in den meisten Fällen nicht. So viel wir aber auch darüber streiten, eines bleibt unbestreitbar: Wer die Prüfung nicht bestanden hat, muss noch einmal ran und muss etwas verändern. Denn weder die nächste schriftliche Prüfung noch die Amtsärzte im mündlichen Teil werden Rücksicht nehmen auf die persönliche Einschätzung des gescheiterten Prüflings. Nur derjenige, der sich selbst als hauptverantwortlich für den Ausgang der Überprüfung fühlt, kann jemals erfolgreich sein. Und wer jetzt erwartet, dass ich mit diesem Buch den Mythos des Amtsärztekomplotts stütze und neue Argumente für das Abgeben der eigenen Verantwortung liefere, wird enttäuscht sein. Ich habe das Buch geschrieben, um mit deutlichen und unmissverständlichen Worten zu sagen, dass alle Anwärter eine ganz realistische und faire Chance in der Heilpraktikerprüfung zu erwarten haben und dass sie am besten erst gar nicht hinhören, wenn wieder einmal erzählt wird, wie schlimm alles ist. *Man lügt Euch an! Die Prüfung ist absolut in Ordnung und schwierig darf sie ja wohl noch sein. Immerhin geht es um eine Heilkundeerlaubnis!* Auch wenn viele es nicht hören wollen, es liegt hauptsächlich an jedem Anwärter selbst, ob die Reise zum Amtsarzt geht oder von vorneherein hin und zurück!

WER ALS PATIENT ZUM HEILPRAKTIKER GEHT

Die Wortwahl ist ja schon fast ein Frevel. Die meisten Heilpraktiker legen nämlich großen Wert darauf, dass Sie nicht mit Patienten sondern mit Klienten oder sogar mit Menschen arbeiten. Na gut. Wenn Ihr das so wollt, soll es dem Rest der Welt recht sein. Wenn wir einmal aufhören, uns um Begriffe zu streiten, und überlegen, welche Menschen tatsächlich die Hilfe eines Heilpraktikers aufsuchen, dann scheint es doch so zu sein, dass es zwei hauptsächliche Beweggründe gibt, zu einem Vertreter der nichtärztlichen Heilkunde zu gehen, um sich dort behandeln zu lassen. Einerseits gibt es da viele Menschen, die die schulmedizinische oder klassisch psychotherapeutische Behandlung ablehnen, und lieber alternative Verfahren in Anspruch nehmen. Das geschieht dann meistens aus Überzeugung oder aus der schlechten

Erfahrung einer konventionellen Behandlung heraus. Andererseits ist da eine nicht gerade kleine Gruppe an Menschen, die nach sehr langer Behandlungsodyssee ohne Diagnose oder ohne nachhaltig wirksame Behandlung geblieben sind, und aus Verzweiflung alternative Möglichkeiten ausprobieren. Im Ergebnis bedeutet dies, dass praktisch alle Erkrankungen und auch alle psychischen Störungen, die in einer Hausarztpraxis vorkommen, auch bei Heilpraktikern aufschlagen. Im Sprachgebrauch können wir selbstverständlich die Bezeichnungen Krankheit oder krank sein vermeiden. Wir können von Klienten, Hilfesuchenden oder von Mitmenschen im helfenden Kontakt reden oder von was wir sonst noch wollen. Tatsache bleibt, dass nur wenige mal eben so vorbeischauen und ein bisschen Kontakt suchen, weil ihnen langweilig ist oder weil sie einsam sind. Sicher, das gibt es – aber nicht häufiger und nicht seltener als in ärztlichen Praxen auch!

Während einer Gesundheitsmesse hatte ich einmal die Gelegenheit, mit der Vertreterin einer Heilpraktikerschule zu sprechen und mich mit ihr über die Erfahrungen mit der Heilpraktikerprüfung auszutauschen. Sie beklagte das hohe Anspruchsniveau der Überprüfungen und fügte leise in einem Nachsatz hinzu: "Wir behandeln doch sowieso keine Krankheiten. Zu uns kommen Menschen, die Sorgen oder Krisen haben, alles andere landete doch beim Arzt."

Die Dozentin der Heilpraktikerschule arbeitet selbst als Heilpraktikerin für Psychotherapie und ihre Einschätzung lasse ich ihr gerne als Ausdruck ihrer persönlichen Erfahrung. Ich verabschiedete mich mit dem Hinweis, dass jeder Therapeut früher oder später den größten Zulauf aus den Bereichen erhält, die er auch am besten bearbeiten kann. Ich meinte das nicht einmal böse, habe sie aber, glaube ich, dennoch verärgert. Was für einzelne Personen oder Praxen gelten mag, ist nicht automatisch ein Gesetz für die ganze Branche. Für meine Praxis stimmt es nicht und für die Arbeit unzähliger Kolleginnen und Kollegen auch nicht. Ausbildungseinrichtungen für Hypnosearbeit werben häufig damit, dass man nach einem zweitägigen Grundkurs bereits Raucherentwöhnung und Gewichtsreduktion durch Hypnoseanwendung anbieten könne und das gerade diese beiden Themen achtzig Prozent der Hypnosebehandlungen ausmachten. Ich stelle mir das ziemlich langweilig vor und halte es für einen reinen Werbeslogan, um Kursangebote zur Hypnoseanwendung dauerhaft zu füllen. Wenn es so weiter geht, haben wir bald mehr Rauchentwöhnungstherapeuten als Raucher. Da ich den angehenden Heilpraktikern mit diesem Buch einen freundlichen Dienst erweisen möchte, übersetze ich die Werbebotschaft einmal in freien Worten: *Kommt zu unserem Hypnoseseminar, denn dann könnt Ihr ohne Heilkundezulassung und ohne jede therapeutische Kompetenz zwei tolle Angebote machen, die auch noch funktionieren!*

Klingt soweit ganz gut, und tatsächlich benötigt man nicht sehr viel therapeutisches Geschick, um so etwas zu machen. In der Praxis eines kompetenten Heilpraktikers sieht das etwas anders aus. Da kommen Menschen mit vierzig Kilo Übergewicht an und wollen abnehmen. In der zweiten Sitzung erzählen sie dann von den eigentlichen Problemen und von Erlebnissen, die sie in der Kindheit hatten oder von übergangener Trauer oder von Trennungen oder ... oder ... oder ... Kein Problem! Wenn der Mensch dünner wird, ist alles in Butter! Natürlich gibt es harmlose Fälle von Übergewicht und auch unkomplizierte Gewohnheitsraucher. Aber eben auch andere. Da trennt sich dann die Spreu vom Weizen.

In meiner Praxis hat deutlich mehr als die Hälfte aller Patienten eine handfeste psychische Störung oder psychosomatische Erkrankung, deren psychogener Anteil dann mit psychotherapeutischen Verfahren behandelt wird. Na gut, wenn man Panikattacken, Phobien, Zwänge, Depressionen, posttraumatische Belastungen, Magengeschwüre, chronische Schmerzen, Tinnitus und Migräne als individuell aber gesund bezeichnet, sind es weniger Kranke, die mich aufsuchen.

Für das Treffen mit dem Amtsarzt sollten sich die angehenden Heilkundler folgendes überlegen: Es geht bei der Heilpraktikerzulassung darum, dass bei demjenigen, der die Heilkunde ausüben will, ohne Arzt zu sein, überprüft wird, ob er eine Gefahr darstellt oder nicht. So steht es in dem Gesetz der Heilkunde, das auch Heilpraktikergesetz genannt wird. Habt Ihr gemerkt, dass da drin steht, dass eigentlich Ärzte die Heilkunde ausüben? Jetzt seid Ihr wohl überrascht! Nein, Ihr habt die Heilkunde nicht selbst erfunden und sie ist auch keine Alternative zur Medizin, sie ist die Kenntnis von den Möglichkeiten des Heilens. Wenn es auch jetzt eine Neuigkeit für manchen Leser ist, Ärzte heilen auch!

Wer es jetzt schafft, nach dem ersten Schock noch einmal genau hinzusehen, wird feststellen, dass es darum geht, behandeln, im besten Fall *heilen* zu dürfen. Es geht also wohl doch um kranke Menschen, zumindest geht es darum, dass die Heilpraktikererlaubnis eine Lizenz zum Behandeln kranker Menschen ist. Abseits aller Streitigkeiten darüber, wer nun krank ist, was zu tun ist, und wer gefragt werden sollte, steht es jedem Heilpraktiker frei, kranke Menschen in der Praxis zu treffen und mit ihnen etwas zu machen. Da gibt es natürlich Fälle, die an einen Arzt abgegeben werden müssen, und immer auch bestimmte Behandlungsverfahren, die der Heilpraktiker nicht anwenden darf. Dennoch dient seine Lizenz der Erlaubnis des Behandelns kranker Menschen. All diejenigen, die nun glauben, dass Kranke nicht zum

Heilpraktiker gehen, und das im Brustton der Überzeugung auch noch dem Amtsarzt in der Prüfung vortragen, sollten nicht so traurig sein, dass es nichts wird mit der angestrebten Lizenz. Sie brauchen sie sowieso nicht, denn mit gesunden Menschen darf man auch ohne Heilpraktikerschein arbeiten. Was also wollt Ihr eigentlich mit dieser Urkunde? Steuern sparen? Mehr Kundschaft bekommen? Ein größeres Praxisschild anbringen? Wer nicht mit Kranken arbeiten möchte, benötigt keine Erlaubnis zum Ausüben der Heilkunde – kein Rechts, kein Links!

BERUFUNG ALLEIN IST EIN SEHR SCHMALES BRETT

Immer wieder höre ich dasselbe: Ich fühle mich dazu berufen, Menschen zu helfen. Ich möchte den Menschen etwas geben, es ist meine Bestimmung, zu heilen.

Sehr viele Menschen, die im Bereich der Heilkunde arbeiten möchten, behaupten, sie fühlten sich berufen. Meine Haltung ist hier eindeutig. Berufung ist ein großes Wort und nur die wenigsten Menschen streben ihre berufliche Tätigkeit wirklich aus Berufung an. Es ist aber nicht meine Aufgabe, zu entscheiden, wer nun berufen wurde und wer nicht. Für Berufungen ist Gott zuständig. Und der macht es uns dabei nicht wirklich leicht. Es ist eine sehr arrogante Ansicht, dass den Berufenen der Weg von allen anderen geebnet werden sollte. Mir ist jedenfalls nicht einleuchtend, warum eine Prüfung für Berufene nicht schwer sein sollte. In

Wahrheit ist es doch so, dass ein Mensch, der sich zu irgendetwas berufen fühlt, auch bereit ist, einen steinigen Weg zu gehen. Daher opfern die Betroffenen immer viel, um ihrer Bestimmung zu folgen. Ich habe jedenfalls noch nie erlebt, dass Karl Heinz Böhm irgendwann gejammert hat, weil seine Arbeit so schwer und so mühsam ist. Mit einer unglaublichen Geduld und Hingabe geht er seinem Weg nach und nimmt täglich mehr Belastungen auf sich als es die simple Vorbereitung auf eine Prüfung hergeben könnte. Er folgt seiner Berufung und wusste von Anfang an, dass sein Weg ein sehr steiniger sein würde. Wer sich zu irgendetwas berufen fühlt, wird es genauso machen wie er und gegen Widerstände und Schwierigkeiten seinen Weg gehen, Hindernisse überwinden und immer fragen, was er als nächstes tun kann, um seine Ziele zu erreichen. Wer nun der Berufung eines Heilpraktikerlebens nachgehen möchte, sollte sich die gleichen Fragen stellen und alles aufwenden, was erforderlich ist, um die angestrebte Erlaubnis zu erhalten. Und ehrlich: so viel wie Karl Heinz Böhm aufwenden musste und täglich noch zu erledigen hat, wird es nicht sein. Ihr müsst einfach eine Prüfung bestehen, die bei weitem nicht so unbestehbar ist, wie Ihr Euch gegenseitig in die Taschen redet. Was nützt schon Berufung, wenn der Biss fehlt, der zur Umsetzung notwendig ist. Selbst Talent ist wenig wert, wenn etwas Entscheidendes fehlt: der Fleiß.

Vor den Erfolg hat Gott den Fleiß gesetzt – Berufung hin oder her. Wie kann man so ignorant sein, zu glauben, dass man nicht fleißig sein müsste, um etwas zu werden. Jede Berufsausbildung erfordert Lernen, Entwicklung und Arbeit. Kaum eine geht so schnell wie die Ausbildung zum Heilpraktiker. Nur weil es hier so wenige Vorschriften gibt, heißt das nicht gleichzeitig, dass es ohne Fleiß und Arbeit gehen wird oder sogar ohne Lernaufwand. Berufung alleine ist daher ein sehr schmales Brett. Und wer nicht mehr zu bieten hat als das, sollte die Heuchelei beenden und uns nicht weiter den göttlich Erwählten vorspielen. Es glaubt sowieso niemand, und es ist eine Frechheit gegenüber wirklich berufenen Menschen, die einen konsequenten Weg gehen. Also entscheidet Euch, Ihr Berufenen, die Ihr noch klagt über die Verschwörung der Amtsärzte, entweder bewegt Euch und fangt an zu lernen oder verhandelt mit dem Universum über eine alternative Berufung. Für Euch wurde ganz sicher ein Plan B vorbereitet, Euer Scheitern wurde bestimmt mit einkalkuliert bei der Festschreibung Eurer Bestimmung.

Den Amtsarzt wird die Berufenheit sicher wenig interessieren. Als Arzt hat er sich ja früher einmal dem Helfen und Heilen verpflichtet. Es gehört zu seiner Aufgabe, Schaden von den Menschen abzuwenden, wenn er es kann. Das nennt man Prophylaxe. Die Heilpraktikerfraktion wirft ja gerne den Schulmedizinern vor, sie würden nur Symptome behandeln und nichts für eine gute Vorsorge tun. Der Amtsarzt ist da eine leuchtende Ausnahme. Er zieht diejenigen aus dem Verkehr, die vom Brett der Berufung noch nicht losgesprungen sind, um diese zu erfüllen. Dieses Qualitätsmanagement ist ein echter Beitrag zur Gesundheitsvorsorge in unserem Land.

WARUM AUSBILDUNG SO WICHTIG IST

Eines ist klar: Es gibt keine Vorschrift zur praktischen Ausbildung eines Heilpraktikers. Es bleibt also allen Anwärtern selbst überlassen, woher sie ihre praktischen Fähigkeiten beziehen. Das klingt erst einmal ganz gut und macht das erste Bild von der Heilpraktikerprüfung recht sympathisch. Auf den zweiten Blick wird es dann etwas schwieriger. Lassen wir die Prüfung einmal außer Acht und fragen uns einfach, wie es denn wäre, wenn jemand Heilpraktiker ist und keine praktische Ausbildung besitzt. Vor allem bei den kleinen Heilpraktikern (Psychotherapie) scheint die Meinung sehr verbreitet zu sein, dass das Ganze sich auch ohne Ausbildung und ohne jede Erfahrung bewerkstelligen ließe. Ich frage mich, wie das genau gehen soll. Irgendwann klingelt der erste Klient an der Tür und betritt die Praxis. Er sucht

Hilfe, darauf könnt Ihr Euch verlassen, liebe Anwärter! Und was macht Ihr dann eigentlich mit dem Klienten? Na ja, er wird schon nicht gleich richtig psychisch krank sein, Ihr könntet Glück haben und einen harmlosen Fall vor Euch haben …

Viele glauben, das gut gemeinte Gespräch wäre die wahre Therapie und könnte nahezu alles heilen, wenn nur die Energien richtig fließen. Gut gemeint ist das Gegenteil von gut gemacht. Klienten erwarten Hilfe, sie erwarten Handlung, Begegnung, Linderung und das Finden von Hoffnung und Veränderung. Das alles könnt Ihr geben wollen. Ihr müsst es aber geben können.

In der Not kommen viele immer wieder auf die Idee, die eigene Lebenserfahrung könnte der Schlüssel zur erfolgreichen Therapie sein. Das wird dann oft mit Begeisterung auch dem Amtsarzt vorgetragen. Der Anfang vom Ende. Auch wenn es die Leidtragenden und Schicksalgeprüften nicht hören möchten: aus der eigenen Lebenserfahrung leitet sich keinerlei therapeutische Kompetenz ab. Sicher, wer niemals etwas Problematisches erlebt hat und nicht selbst einen gewissen Leidensweg kennt, wird meistens kein sehr erfolgreicher Therapeut. Das ist aber kein wirkliches Problem, denn es streben sowieso fast nur Menschen in helfende Berufe, die selbst eine leidvolle Zeit mit unerledigten Resten erlebt hat. Das ist kein Fehler. Vermutlich gäbe es keine helfenden Berufe, nicht einmal einen Sozialstaat, wenn es nicht das Helfersyndrom der Helfer gäbe. Schwierig wird es jedoch, wenn es das einzige bleibt, worauf sich die praktische Arbeit stützen kann. Es ist erforderlich, die eigene Erfahrung zu reflektieren und aufzuarbeiten. Das geht nicht autodidaktisch. Eine gute therapeutische Ausbildung beinhaltet die Möglichkeit der Selbstklärung und des gleichzeitigen methodischen Lernens. Dann wird die eigene Geschichte nicht zum Leitbild des Handelns und die Klienten können mit Professionalität rechnen. Wer Ausbildung ignoriert, hat keinen Respekt für seine Klienten und sollte sich einen anderen Beruf suchen. In der Praxis müssen sich Heilpraktiker täglich auf neue Menschen und neue medizinische oder psychische Probleme einstellen. Kein Fall ist genau wie der andere. Flexibilität und Handlungssicherheit sind gefordert und die basieren immer auf Fachkompetenz. Diese ist natürlich nicht fertig, nur weil wir eine Ausbildung gemacht haben. Wir entwickeln sie ständig weiter, indem wir mit neuen Herausforderungen konfrontiert werden, mit Fällen, die wir noch nicht kennen und in der Ausbildung nicht besprochen oder praktisch kennen gelernt haben. All das ist normal und es ist gut so. Auf irgendeinem Fundament sollte das aber aufbauen – wer jetzt wieder mit der eigenen Erfahrung kommt, hat nichts verstanden!

Wozu man die Lizenz eines Heilpraktikers braucht

Diese Frage wird nicht nur in der Prüfung gestellt. Ich stelle sie zumindest allen, die sich für den Beruf des Heilpraktikers interessieren. Vorschläge gibt es da viele. Der Kundenzulauf wird stärker, auch Menschen mit Krankheiten dürfen weiterbehandelt werden, man spart die Umsatzsteuer und ... und ... und ...

Es gibt aber nur eine wirkliche Antwort: die berufliche Selbständigkeit. Nur das zählt. Denn nur, wer beruflich selbständig, also in seiner eigenen Praxis arbeiten will, benötigt eine Erlaubnis zum Ausüben der Heilkunde.

Es ist schon sehr naiv, dem Amtsarzt zu erzählen, dass man im Kaninchenzüchterverein schon immer derjenige war, der bei der Weihnachtswanderung von den anderen als Gesprächspartner gesucht wurde und dem alle beim Schneewandern ihr Herz aus-

schütten. Therapie zwischen Martins-
brezeln und Glühwein. Mal ehrlich: In
jedem gut organisierten Verein gibt es
ausreichend Neurosen, um eine eigene
Selbsthilfegruppe aufzumachen, nur ist
die therapeutische Begleitung nicht die
Aufgabe des Vereinsvorstandes oder
eines anderen Mitglieds. Und die Heilpraktikerzulassung ist nicht dazu ge-
dacht, die Jahreshauptversammlung
der Kaninchenzüchter zu moderieren.
Ebenso unsinnig ist es, Heilkunde als
Hobby zu betreiben und in der Prüfung zu betonen, dass man ja eigentlich gar nicht so viel therapieren möchte. Nur gelegentlich wolle man mal am
Wochenende ein Stündchen Beratung
machen und falls dann jemand vorbeikommt, der zufällig eine depressive
Verstimmung hat, muss man ihn ja
nicht wegschicken, sondern darf mit
ihm weiter arbeiten. Der arme Kerl

muss dann nicht weggeschickt werden, was ihm wohl eher schaden könnte …

So wird das nichts mit der Lizenz zum Behandeln! Selbständigkeit! Selbständigkeit! Selbständigkeit! Kein anderer Grund ist von Bedeutung. Natürlich schadet es nicht, in der Prüfung zu erzählen, wie man eigentlich auf die Idee gekommen ist, wie also die eigene Entwicklung hin zu dem Ziel der Heilkundezulassung verlaufen ist. Ihr Anwärter da draußen, denkt aber bitte daran, dass die Erlaubnis nicht erteilt wird, wenn sie nur benötigt wird, um den Kaninchenzüchterverein oder die Männer der freiwilligen Feuerwehr bei Laune zu halten oder Tante Erna in die Reihe zu bringen. Hier unterliegen viele Anwärter einem dramatischen Irrtum. Der Amtsarzt wird leider zu oft als der Feind aller Heilpraktiker gesehen und daher gehen viele in der Prüfung auf "Nummer sicher" und erzählen den Prüfern, dass die Erlaubnis nur so eine Art Absicherung für den Fall der Fälle ist. Falls mal einer mit einer psychischen Störung oder ein anderer Kranker vorbeikommt, dann könnte man mit ihm arbeiten, also theoretisch und nur, wenn er einen Schaden nehmen könnte durch den Abbruch des Kontaktes. Falls das nicht zu erwarten ist, wird er natürlich zu einem Arzt geschickt, also so wirklich therapieren wird man nicht. Nein, die Zulassung ist nur so eine Sicherheit für die Klienten.

Liebe Anwärter, wenn Ihr Euch so dumm verkauft und Euch selbst auf eine solche Restgröße degradiert, seid Ihr wahrscheinlich auch nicht zu mehr in der Lage. Ihr braucht keine Heilkundeerlaubnis und besser arbeitet Ihr überhaupt nicht mit Menschen. Denn, was auch immer Ihr tatsächlich könnt oder beabsichtigt zu tun – Verantwortung lehnt Ihr ab!

Verdammt nochmal, ist es denn so schwer, mit Überzeugung und Tatkraft auf die Arbeit eines Heilpraktikers zuzugehen und die eigenen Stärken und Erfahrungen darzustellen? Ist es nun Eure Absicht, als Heilpraktiker zu arbeiten, dann bekennt Euch dazu und seid überzeugend, oder wisst Ihr noch nicht genau, was Ihr wollt? Dann spart Euch das Geld für die Prüfung und macht, was Ihr könnt!

WARUM DER AMTSARZT IN DER PRUEFUNG SO VIELE EINFACH DURCHFALLEN LAESST

WARUM ES NICHT LOHNT, MIT MENSCHEN ZU SPRECHEN, DIE DIE PRUEFUNG NICHT BESTANDEN HABEN

Als ich in München studierte, gab es regelrechte Grabenkämpfe der einzelnen Fakultäten, die sich immer darum stritten, wer wohl das schwierigste Studium zu bewältigen hätte. Ich fand schon damals, dass das Zeitverschwendung ist, und habe mich lange gefragt, warum ein Student nur so großen Wert darauf legen kann, sein Studium als etwas Besonderes im Vergleich zu anderen zu bezeichnen. Anfangs dachte ich, jeder wolle sich selbst damit auf- oder den anderen abwerten. Mit den Jahren des Studierens wurde mir immer klarer, dass es nur einen einzigen Grund für dieses wehleidige Klagen gab: die Gefahr des Misserfolges auf dem eigenen Weg. Es hatte sich natürlich herumgesprochen, dass in den geisteswissenschaftlichen Studiengängen nicht so viele scheitern wie bei den Technikern, wofür es sicherlich viele Gründe gibt, die mich weder damals noch irgendwann sonst wirklich interessierten. Die Wahrheit ist einfach, wie so oft. *Wenn Du einen Weg beschreitest, dann versuche, erfolgreich zu sein und das Notwendige dafür zu tun. Bei Misserfolgen kannst Du noch einmal angreifen. Lass' Dich nicht unterkriegen, nur, weil einmal etwas schief geht! Früher oder später erreichst Du Dein Ziel, wenn Du daran glaubst und wenn Du es wirklich willst!* Welche Rolle spielt es schon, ob irgendjemand sein Ziel, selbst wenn es dasselbe war, schneller oder bequemer erreicht hat? Das ändert nichts für uns selbst. Damals war es so, dass man möglichst viele Gründe vorab gesammelt hatte, um im Falle des Scheiterns immer noch ein Großer zu sein. Denn hätte man es so leicht gehabt wie die anderen … dann hätte man das auch geschafft!

Mein Freund Erik studierte Wirtschaft. Ein ziemlich langweiliges Fach aus meiner Sicht, aber zu ihm passte es irgendwie, wenn auch nicht wirklich. Immer, wenn wir uns an der Uni trafen, klagte er mir sein Leid. Er erzählte mir, wie schwierig doch alles sei und wie leicht ich es im Vergleich zu ihm hätte. Ich kann ihn ein bisschen verstehen. Er wanderte immer mit seinem Lederkoffer voller Mathematikaufgaben brav zu seiner Vorlesung, während ich meistens unterwegs war zur Sporthalle. Eine gute Lernorganisation erspart halt Zeit und Energie. Meistens lud ich ihn ein, doch einfach die Fakultät zu wechseln und mit mir weiter zu studieren. Das wollte er nicht. Kein Problem, vermutlich hat es ihn nicht interessiert oder aber – und da bin ich mir sicher – seine Argumente wären ihm ausgegangen. Trotzdem hatte ich Mitleid mit ihm. Freundschaft hin oder her, ich konnte sein Gejammer von den schon vorher festgelegten Durchfallquoten und dem gnadenlosen "Aussieben" in den Prüfungen schon bald nicht mehr hören. Auf den ersten Blick war da schon etwas Wahres dran. Im Wirtschaftsstudium sind damals wirklich viele durchgefallen. Wenn ich die heutige weltweite Finanzkrise sehe, glaube ich allerdings nicht an die Auswahl der Besten. Erik erzählte mir immer, dass zwei Drittel eines Studienjahrganges prinzipiell durchfallen "müssten". Die Prüfungen würden so angelegt, dass eben nur ein Drittel überhaupt besteht. Mit Blick auf die Milliardenlöcher, die derzeit zu stopfen sind, ist es mir eine gewisse Beruhigung, dass nur ein Drittel der Finanzexperten das schwierige Studium erfolgreich durchläuft. Die anderen dürfen sich immerhin als Steuerzahler an der Problembewältigung beteiligen – ist doch auch etwas, Erik!

Nach zwei Jahren war es vorbei. Mein Freund hatte nun die letzte Möglichkeit vergeben und galt, wie wir es damals nannten, als totgeprüft. Da er die letzte Wiederholungsmöglichkeit einer sicherlich schwierigen Prüfung verpatzt hatte, musste er die Universität verlassen. Ein bitteres Ende eines persönlichen Leidensweges, und das sehe ich ohne Schadenfreude. Er tat mir damals leid, aber als noch schlimmer empfand ich, dass er nicht bereit war, etwas daraus zu lernen. Als ich ihn einmal fragte, was er anders machen würde, wenn er noch einmal anfangen könnte, gab er mir eine enttäuschende Antwort: "Ich könnte tun, was immer ich wollte. Sie lassen einfach zwei Drittel durchfallen."

Zum letzten Mal sprachen wir darüber als Erik gerade auf dem Weg zum Prüfungsamt der Universität war, um seine Exmatrikulationsbescheinigung abzuholen. Ich wünschte ihm Glück für seine weiteren beruflichen Pläne und hätte ihm gerne Mut gemacht, nun neue Wege zu gehen. Er sagte zu mir: "Du hast es gut. Bei Euch besteht doch jeder. Wenn ich es noch einmal zu machen hätte, würde ich mit Dir Pädagogik studieren. Dann wäre ich auch noch dabei."

"Wie viele bestehen bei Euch nochmal das Studium?" fragte ich.

"Ein Drittel!" antwortete Erik. Ich schaute ihm in die Augen und stellte ihm eine Frage, die ich auch heute noch mit der gleichen, absoluten Ernsthaftigkeit formuliere wie damals:

"Warum gehörst Du eigentlich nicht zu diesem Drittel?" Wir müssen nicht alle Prüfungen in unserem Leben bestehen und es ist auch überhaupt keine Schande, etwas nicht bewältigen zu können. Manches ist für uns auch einfach inhaltlich nicht passend oder zu schwer. Das ist soweit völlig in Ordnung und sagt nichts über unseren Wert als Mensch oder unseren Charakter aus. Die Art, wie wir damit umgehen, ist da schon aussagekräftiger. Es ist einfach und daher neigen wir alle immer wieder dazu, die Schuld für das, was nicht gelingt, bei anderen zu suchen. Es ist viel bequemer, dem bösen Amtsarzt, den zynischen Beisitzern und dem geheimen Komplott hinter der Heilkundeprüfung die Schuld dafür zu geben, dass man die Prüfung nicht bestanden hat. Das tröstet natürlich ein wenig und macht es besser aushaltbar. Nur bringt es recht wenig. Allen Heilpraktikeranwärtern empfehle ich, niemals mit Menschen zu sprechen, die die Prüfung nicht bestanden haben. Lasst es bleiben, es bringt gar nichts! Nach jeder Prüfung melden sich viele Menschen bei mir, die bestanden haben oder durchgefallen sind. Die wenigsten davon kenne ich persönlich. Viele finden meinen Kontakt im Internet oder haben Bücher von mir gelesen und melden sich daher. Diejenigen, die die mündliche Prüfung nicht bestanden haben, liefern die Erklärung dafür meistens direkt mit. Bisher begegnen mir da vier verschiedene Ansätze, die durch jeweils typische Exemplare vertreten werden.

Der arme Unerfahrene
Am schlimmsten sind diejenigen dran, die ohne Praxiserfahrung zur Prüfung

gehen – sagen sie zumindest. Bei denen lag es immer daran, dass der Amtsarzt gefragt hat, wie sie denn eigentlich ihre praktische Arbeit gestalten wollen. Darauf wissen natürlich Menschen, die überhaupt keine Praxisausbildung haben und auch noch nie mit Menschen in Beratungssituationen gearbeitet haben, keine gute Antwort. Gleichzeitig erhalte ich häufig Mails von Anfängern, die die Prüfung bestanden haben, auch ohne große Praxiserfahrung. Es kommt eben doch auf das Gesamtbild der Prüfung an. Laut gesetzlicher Vorschrift benötigt ein Heilpraktikeranwärter der Psychotherapie ja keine bestimmte Ausbildung. Die Prüfung ist außerdem eine rein theoretische und daher kann kaum wirkliches Praxiskönnen getestet werden. Es kommt gerade einmal darauf an, Therapie beschreiben zu können.

Wer nun bis zur Prüfung für keinerlei Praxis gesorgt hat und nirgendwo einen Kurs, ein Praktikum oder wenigstens einen Workshop besucht hat, muss mit dieser Situation in der Prüfung umgehen. Ein guter Prüfungsstratege wird sich dadurch nicht aus dem Konzept bringen lassen. Ich möchte hier aber keinen Schnellkurs in "Wie ich Praxiserfahrung, die ich nicht habe, glaubhaft mache" anbieten und noch einmal darauf hinweisen, dass eine praktische Ausbildung für ein erfolgreiches und sorgfältiges Arbeiten in der Praxis unerlässlich ist. Ich frage alle, die behaupten, dass sie aufgrund unzureichender praktischer Erfahrungen mit psychisch Kranken durchgefallen wären, wie die Prüfung denn sonst gelaufen ist. Na ja, meistens eigentlich ganz gut, bis auf das kleine Problem, dass dem Prüfling nicht mehr eingefallen ist, dass Schizophrenie eine Psychose ist und wie man Depressionen üblicherweise behandelt, ist ihm in der Hektik auch nicht mehr eingefallen. Aber sonst war alles in Butter. Ich fasse das mal so zusammen: Wer keinerlei Erfahrung hat und dann auch noch *keine Ahnung*, sollte noch ein bisschen warten, bis er Menschen therapiert.

Der kleine Hänger

Besonders ergreifend finde ich die Geschichte des kleinen – nein, kleinsten Fehlers, der alles zerstört hat. Ein kleiner Fehler wurde von den Prüfern so aufgebauscht, dass daraus die Unfähigkeit des Prüflings abgeleitet wurde und alles verloren war. Mit einem Fehler sollte man so eine Prüfung wohl bestehen. Immerhin werden ja viele Fragen gestellt und niemand weiß alles! Allerdings lohnt es sich, näher hinzuschauen und sich einmal den Kleinstfehler schildern zu lassen. Ich erinnere mich an eine Mail, die mich kurz nach der mündlichen Prüfung ereilte. Der Kandidat behauptete, er sei durchgefallen, weil er die klinische Behandlung eines Schlaganfalles nicht im Detail schildern konnte. Mal abgesehen davon, dass sich die Berichte aus Prüfungen meist nicht mit der Realität decken, sondern immer nur ein subjektiver Ausschnitt präsentiert wird, der am besten geeignet ist, die Schuld dem Amtsarzt zu geben, lohnte sich auch hier ein Nachfragen. Es stellt sich heraus, dass der Prüfer fragte: "Wie behandeln Sie eigentlich einen Schlaganfall?" Im Prüfungsstress begann der Prüfling nun die medizinische Behandlung eines solchen Vorfalles aufzuzählen. Der Prüfer war ganz böse, weil er immer wieder fragte: "Und was machen Sie dann?" oder "Was tun Sie noch?" Der arme Kerl hat alles, was ihm irgendwie eingefallen ist, in die Antwort gelegt, dabei aber vergessen, dass er den Schlaganfall überhaupt nicht behandelt, sondern der Notarzt.

Eine eifrige Heilpraktikeranwärterin der Psychotherapie berichtet mir, dass sie einen Aussetzer bei den affektiven Störungen gehabt hätte. Sie war ganz verzweifelt, weil deswegen die ganze Prüfung verloren ging. Es interessierte mich natürlich brennend, welche Frage genau gestellt wurde. Schließlich stellt sich heraus, dass eine Beisitzerin fragte: "Was sind eigentlich affektive Störungen?" Das ist in der Regel eine Einstiegsfrage in das Thema, wobei dann entweder Depression oder Manie vertieft werden oder aber die bipolare Verlaufsform. Die Prüfungsteilnehmerin konnte allerdings nicht beantworten, was affektive Störungen sind. Der kleine Aussetzer kam etwas früh und so klein war er dann doch nicht. So etwas kann man nicht eben mal vergessen. Mehr als die Hälfte der in der Psychiatrie stationär behandelten Patienten hat die Anwärterin vergessen – kommt vor!

Extrem schwierige Fragen

Immer wieder wird von Fragen berichtet, die eigentlich niemand beantworten kann. Wonach fragen da wohl die Prüfer? Chemische Formeln von Medikamenten? Den Vornamen einer Synapse? Die Telefonnummer von Alois Alzheimer? Bisher konnte mir noch niemand ein Prüfungsprotokoll zeigen, das mit lauter unmöglichen Fragen gespickt war. Sicher gibt es auch mal eine Frage, die etwas abseits des üblichen Wissens liegt oder sehr ins Detail geht.

Deswegen fällt aber niemand durch. Nachdem der erste Schock der nicht bestandenen Prüfung sich verzogen hat, gestehen viele ein, dass der Hänger in der Prüfung die Nervosität gesteigert hat und sie schließlich vor lauter Angst immer mehr Fehler gemacht haben. Prüfungsstress gibt es natürlich schon und wie jede andere Prüfung, kann auch die Heilpraktikerprüfung aufgrund von Nervosität schief gehen. Nur sollte dann daran gearbeitet werden und nicht die Schuld beim Prüfer gesucht werden. Der nämlich darf ein bisschen Stress aufbauen. Die Arbeit in der Praxis kann auch stressig sein. Und wenn ein Notfall, wie beispielsweise ein plötzlich einsetzendes Delir, vorkommt, ist der Druck viel höher als in der Prüfung. Und Zeit zum Nachschlagen in einem Fachbuch ist auch nicht.

Eine Prüfungsteilnehmerin wurde einmal gefragt, wo in der ICD-10 die Hysterie zu finden wäre. Das empfand sie als unheimlich schwer, weil sie die Hysterie dort noch nie gesehen hatte. Lieber Leser, wenn Du kurz vor der Prüfung stehst oder schon einmal durchgefallen bist und diese Frage nicht beantworten kannst – ganz gleich, ob Du kleiner oder großer Heilpraktiker werden willst – solltest Du nicht allzu laut über den Amtsarzt schimpfen.

Die unmögliche Prüfungsatmosphäre
Die letzte Möglichkeit, noch eine Begründung für den Misserfolg in der Prüfung zu finden, ist die schlimme Atmosphäre, das geradezu unmenschliche Auftreten der Amtsärzte und Beisitzer in der Prüfung. Der fehlende Augenkontakt wird häufig berichtet.

Die Prüfer sehen einen ja gar nicht an und alleine das scheint schon ein Hinweis darauf zu sein, dass nicht gewollt ist, dass man die Prüfung besteht. Alle Psychotherapieprüflinge aufgepasst, jetzt könnt Ihr Eure diagnostischen Fähigkeiten testen! Niemand schaut mich an ... jemand stellt eine Frage ... ich antworte ... niemand reagiert ... die nächste Frage stellt ein anderer ... ich antworte ... wieder keine Reaktion ... eine Nachfrage: "Sonst noch was?" ... oh Gott ... was machen die mit mir? ... Das alles bedeutet, ich werde durchfallen ... deswegen schauen sie mich nicht an ... deswegen haken sie manchmal nach ... sie wollen, dass ich einknicke und durchfalle ... es war von Anfang an so geplant ... *Reicht das oder benötigst Du noch mehr für die Diagnose, lieber Leser?* Wenn ja, bist Du nicht gut vorbereitet für die Prüfung. Prüfung ist kein Tanztee. Hier trifft sich keine Sekte, um den Erwählten zu entsenden. Es werden Fragen gestellt und Antworten gegeben. Ob die Prüfer einen ansehen oder nicht, spielt überhaupt keine Rolle. Das hat gar nichts zu bedeuten, außer vielleicht, zu testen, wie sattelfest das Wissen der Prüflinge ist und ob sie ein bisschen was aushalten können. Das muss man natürlich nicht machen. Ich bleibe aber dabei: Wer diesen Stress nicht aushält, hält die Belastung einer therapeutischen Arbeit auch nicht aus und bricht früher oder später unter ihr zusammen. Dann lieber gleich in der Prüfung. Für alle, die immer noch an sich glauben und weiter die Prüfung anstreben, habe ich einen Ratschlag bereit: *Bleibt dran und bereitet Euch auf die härteste Prüfung vor, die ihr Euch vorstellen könnt. Dann wird die tatsächliche Prüfung doch noch zum Tanztee. Pfeift auf die Berichte von unmenschlichen Prüfern.* Ihr wollt nicht Freunde des Amtsarztes werden, Ihr wollt die Lizenz erhalten. Trainiert das Lockerbleiben. Wer die Fragen beantworten kann, besteht auch die Prüfung, ob der Amtsarzt nun Blickkontakt hält oder lieber in den Ausschnitt der Beisitzerin starrt. Prüfungsberichte von Durchgefallenen werden immer auf das reduziert, was geeignet ist, die Verantwortung nicht selbst zu tragen. Der Gegenbericht eines Prüfers würde wohl anders aussehen – aber die lügen ja, weil sie das Komplott geheim halten wollen …

WARUM ES GENAUSO WENIG BRINGT, MIT DENEN ZU SPRECHEN, DIE DIE PRUEFUNG BESTANDEN HABEN

Leider kann man auch hier keine vernünftigen Aussagen erwarten, jedenfalls meistens nicht. Warum ist das so? Die Antwort passt in den Mythos der Heilpraktikerprüfung und ergänzt ihn zu einem stimmigen Konzept. Allgemein gilt ja die Prüfung als nahezu unbestehbar. Und dass die Amtsärzte sich längst zusammengeschlossen haben und in unausgesprochener Abmachung möglichst viele durchfallen lassen, gehört ja inzwischen zur Allgemeinbildung. Nun, dennoch gibt es viele, die die Prüfung bestehen. Was ist mit denen los? Das müssen wahre Helden sein, Fachleute, die die Welt nur selten hervorbringt, eben so grandios gut, dass man sie bestehen lassen muss. Wie sonst wäre erklärbar, dass eigentlich kein Amtsarzt will, dass es Heilpraktiker gibt, aber dennoch so viele die Prüfung bestehen? Es weiß ja niemand so genau, wie viele das sind, möglicherweise ja nur ganz wenige. Irgendwo müssen aber die vielen Schilder herkommen, auf denen steht "Naturheilpraxis" oder "Heilpraktiker für Psychotherapie". Es lässt sich nicht leugnen: Es gibt Menschen, die die Prüfung bestehen. Angesichts der Panikmache und der ständigen Unheilsmeldungen zur Heilpraktikerprüfung werden die neuen und die schon vorhandenen Heilpraktiker zu Ikonen. Nicht schlecht, aber auch nicht wirklich brauchbar. Wem hilft das? Längst haben wir den Medizinern den Status als Halbgötter in Weiß abgesprochen. Die Lage wird nicht viel besser, wenn jetzt die Heilpraktiker zu Ikonen der Heilung werden, nur weil sie eine Prüfung bestanden haben. Aber genau das ist bequem – für diejenigen, die als Sieger aus dem Zweikampf mit dem

Amtsarzt herauskommen. Dennoch gibt es auch bei den Helden der Prüfung verschiedene Typen, genau genommen drei.

Der Held der Heilung

Nichts ist schlimmer als im Kreise von Heilpraktikern über die Amtsarztprüfung zu sprechen. Da gibt dann jeder seine Geschichte zum Besten. Und wenn man den gleichen Redner mehrmals hört, verändert sich die ursprüngliche Variante immer mehr in Richtung eines Wunders. Die Prüfung war im Grunde genommen nicht zu bestehen. Viel zu schwer und mit unmöglichen Fragen durchsetzt, wurde der Held gequält und gepeinigt, gereizt bis aufs Blut und mit Vollgas ins Abseits geschossen. Von dort aus hat er sich eisern zurückgekämpft, unbeugsam und kämpferisch wie er ist.

Meter für Meter hat er an Boden gewonnen und schließlich die Fanfaren zum Sieg geblasen. Bestanden hat dieses Exemplar meistens nur, weil es sich für mindestens zwei Jahre im Keller eingeschlossen hat und gelernt hat. Kurz vorm Burn-Out erst hat dieser Mensch einmal eine kurze Pause eingelegt oder er hat sich einfach mit Biss und unbeugsamer Willenskraft durch das Burn-Out hindurchgearbeitet. Dieser Gallier ist nicht klein zu kriegen und nur deswegen hat er es geschafft. Hoffentlich verlangt er nicht den gleichen Einsatz von seinen Patienten, denn Totenscheine darf er als Heilpraktiker ja nicht ausstellen.

An alle unbeugsamen Gallier da draußen, die Ihr die Prüfung geschafft habt: *Tut dem Nachwuchs einen Gefallen und macht mal halblang! Ihr kocht auch nur mit Wasser!* Erzählt Eure

Wunderprüfung doch später Euren Enkeln am Kamin und lasst sie dabei ein Karamellbonbon lutschen, damit sie wach bleiben.

Das Glückskind

Diese Typen habe ich in der Schule schon gehasst. Vorher jammern und klagen sie, dass alles viel zu schwer und sowieso nicht zuschaffen ist, und wenn sie die Prüfung dann in der Tasche haben, war alles ganz einfach. Und jeder, der nicht erfolgreich war, muss dumm gewesen sein. Ich betone noch einmal, dass die Prüfung bei guter Vorbereitung absolut machbar ist. Das heißt aber nicht, dass sie superleicht ist. Die Glückskinder rufen mich häufig an und behaupten dann, dass auch ein Bruchteil der Vorbereitung ausreichend gewesen wäre. Im Grunde genommen lerne man viel zu viel in den Kursen und Fernstudien. Eigentlich sei alles so leicht gewesen, dass sie gar nicht verstehen könnten, wie da irgendjemand durchfallen kann. Auch das macht es nicht gerade einfacher für diejenigen, die mit Prüfungsängsten kämpfen oder verunsichert wurden. Hört man diesen Glückskeksen zu, muss man davon ausgehen, ein Depp zu sein, wenn es nicht gleich beim ersten Anlauf klappt. Das treibt wieder den Stress voran. Und schließlich stehen nun die Anwärter vor der schwierigen Wahl, zu entscheiden, ob die Heilungshelden oder die Glückskekse Recht haben. Aber ehrlich: Beides wäre ziemlich abschreckend! Also, Ihr Glückskinder: *Behaltet Eure Botschaft besser für Euch. Es muss ja nicht jeder wissen, dass Ihr eine ganz leichte Prüfung bestanden habt. Vielleicht habt Ihr ja gar keine Ahnung und keine*

Fachkompetenz. Wenn die Prüfung so einfach war, gibt es zumindest keinen Beleg dafür.

Der Realist

Schließlich gibt es auch ihn, den Realisten, der es wirklich gut macht und die Wahrheit verkündet. Er erzählt, dass die Prüfung anspruchsvoll, aber machbar war. Er weiß, dass er viel gelernt hat und dass das nicht immer einfach war. In seiner Prüfung wurden allgemeine Fragen gestellt und auch einige sehr detaillierte. Er musste seine Arbeitsweise und seine bisherigen Erfahrungen darstellen, außerdem musste er schildern, mit welchen Zielgruppen er arbeiten möchte und warum er dafür eigentlich eine Heilkundelizenz benötigt. Alles in allem hat er ganz schön geschwitzt in der Prüfung und er war sich nie wirklich sicher, ob er nun bestehen würde oder nicht. Der Realist hat jedoch ein großes Problem: Es glaubt ihm niemand. Die Helden und die Glückskekse haben den Weg des Nachwuchses bereits mit Angst gepflastert. Fast erscheint nun der ehrliche Realist wie einer, der untertreibt oder nur aus Mitgefühl etwas Liebes sagen möchte. Leider gibt es nur wenige Erkennungsmerkmale, die den Realisten von den anderen Exemplaren unterscheiden. Einige Hinweise gibt es auf jeden Fall: Realisten erzählen nicht, dass bei ihrem Durchgang nur zehn Prozent die Prüfung bestanden hätten, denn das können sie nicht wissen. Realisten behaupten nicht, dass selbst ein eingeschleuster Arzt mit dabei war, der durchgefallen ist. Realisten berichten von der eigenen Prüfung nicht länger als diese selbst gedauert hat, Realisten sagen nicht, der Amtsarzt hätte behauptet, so eine tolle Prüfung hätte es schon seit ewigen Zeiten nicht mehr gegeben. Und das tun Realisten: *Realisten erzählen wenig von der eigenen Prüfung, Realisten hassen Horrormeldungen von Prüfungsergebnissen, bei denen nur ein Prozent aller Teilnehmer besteht, Realisten hassen Heilungshelden und verachten Glückskinder, Realisten sagen "Hört nicht auf die vielen Gerüchte, hört auf zu jammern und fangt an zu lernen, dann klappt' s auch mit dem Amtsarzt", Realisten sagen, dass es schwer ist, all das notwendige Wissen zu lernen, dass es aber geht –* Ein Realist hat dieses Buch geschrieben!

DAS INTERNET IST NUR SO SCHLAU WIE SEINE NUTZER

Was war das doch früher für ein Drama, in Bibliotheken oder notfalls in Omas Bücherregal an gesicherte Informationen zu wissenschaftlichen Themen zu gelangen. Wenn der gute alte Brockhaus nichts mehr hergab, und die nächste Leihbücherei weit entfernt war, hatte man nicht gerade die besten Karten. Heute kann man sich das kaum noch vorstellen, so lange ist es aber noch gar nicht her, dass die allgegenwärtige Informationsmöglichkeit per Internet noch nicht erfunden, oder zumindest nicht so einfach für nahezu jeden zugänglich war. Heute ist vieles leichter geworden, da wir in diversen Suchmaschinen nach allen nur denkbaren Themen und Begriffen Ausschau halten können. Ich bin ein Befürworter der modernen Medien und recherchiere selbst häufig im Internet, das eine Fülle an Informationsmöglichkeiten für uns bereithält. Zudem ist es dynamischer als gedruckte Werke, die schnell veralten. Das Internet kann uns durchaus helfen. Allerdings neigen wir als Konsumenten dazu, die Informationen, die wir dort vorfinden, als gesichertes Wissen zu akzeptieren. Das gleiche Phänomen gibt es auch im Umgang mit Büchern. Das aber ist ein Irrtum! Niemand garantiert uns, dass die Inhalte, die wir vorfinden, auch tatsächlich sachlich oder wissenschaftlich richtig sind. Wenn wir nun ohne Fachkenntnisse losstolpern und Informationen im www zusammensuchen, können wir auch sehr schnell Schiffbruch erleiden, ohne es zu bemerken.

Vor einiger Zeit gab es eine Prüfungsfrage nach der chronischen Wirkung von Opiaten. Genauer gesagt, wurde gefragt, bei welchen Symptomen man wohl am ehesten an chronischen Opiatkonsum denken müsste. Als eine Antwortmöglichkeit wurde 'Durchfall' angegeben und wie immer bei den Drogenfragen sind viele Fehler gemacht worden, und ganz viele Prüflinge haben den Durchfall als richtig angekreuzt. Leider war es die typische Entzugserscheinung. Fehler kommen vor. Das Überflüssige lag darin, dass ein recht bekanntes Ausbildungsinstitut für Naturheilkunde auf der eigenen Homepage im Internet dazu aufforderte, doch gegen diese Aufgabe zu klagen. Immerhin gab es zwei psychiatrische Fachbücher, die von Diarrhö im Zusammenhang mit Opiumpräparaten und derem Missbrauch sprachen. Und in diesen Büchern – ich habe es überprüft, es stimmt! – steht nicht explizit drin, dass es sich um eine Entzugserscheinung handelt. Lieber Leser, bevor wir uns nun darum streiten, ob Durch-

fall nur als Entzugssymptom vorkommt und Du jetzt noch ein paar Bücher durchblätterst – lass' es uns kurz
machen.

Ein Buch – völlig gleich, von wem oder
von welchem Verlag es stammt - ent-
hält nicht automatisch nur richtige und
zu hundert Prozent unmissverständli-
che und abgesicherte Aussagen. Bücher können auch Fehler enthalten.
Ganze Kolonnen mittelmäßiger An-
wälte waren wieder einmal losgestapft,
um für Gerechtigkeit zu sorgen. Das
Geld, das eine solche Klage kostet, und
auch die Nerven, wären besser in eine
Wiederholung der Prüfung investiert.
Wie auch immer wir zu den Opiaten
stehen, die Tatsache, dass ein Buch gefunden werden kann, in dem eine zur
Prüfung widersprüchliche Aussage
steht, zwingt wohl kaum zur Abände-
rung des Lösungsschlüssels. Dazu

müsste tatsächlich ein Fehler in der Prüfung vorliegen.

Die Grundregel "Buch stimmt – Prüfung nicht" ist schon etwas naiv. Im Internet wird es nun noch viel spannender. Jeder kann dort auf einer eigenen Homepage Informationen einstellen und selbst auf seriösen Plattformen ist nicht immer Qualitätskontrolle gegeben. Wenn ich eines in meinen Kursen für Heilpraktiker nicht mehr hören kann, dann ist es: "Aber bei Wikipedia steht ..."

Einmal rief mich eine Kursteilnehmerin völlig aufgeregt an und beschwerte sich über die einseitigen Inhalte meiner Psychotherapiebücher. Darin fände Sie ja fast nur Psychiatrie- und Psychotherapieinhalte und körperliche Krankheiten eigentlich nur dann, wenn es mit psychischen Problemen oder Folgen in Zusammenhang stünde. Ich verstand nicht gleich, was sie meinte, denn meine Bücher befassen sich in der Tat mit der eingeschränkten Heilpraktikerprüfung (Psychotherapie), da sollte das so sein. Nein, sie war sich sicher, dass seit Kurzem viel mehr körperliche Krankheiten abgefragt würden und Psychiatrie nur noch einen kleinen Teil ausmachte. Als Beweis nannte sie mir einen Link im Internet, der zu den Originalfragen der Psychotherapieprüfung führe, dort sollte ich mich überzeugen. Da ich die Prüfungen der letzten zehn Jahre alle kenne, wurde ich schon neugierig, denn was sie sagte, konnte ich überhaupt nicht bestätigen. Die Lösung des Missverständnisses war schnell gefunden. Es handelte sich um einen Link zum großen Heilpraktiker. Na ja, auf der betreffenden Website stand, es wäre ein Link zum kleinen Heilpraktiker. Dennoch hätten die

Blutsenkungsgeschwindigkeit und die Krampfadern an den Hoden für ein bisschen Nachdenken sorgen können. Beim Stöbern im Internet finden wir viele Informationen und zahlreiche Heilpraktikerprüfungen mit Musterlösungen. In vielen Fällen handelt es sich um fehlerhafte Lösungsschlüssel und häufig sind es nicht einmal die Originalprüfungen. Es wird halt alles Mögliche im Internet verramscht.

Lieber Leser, mach' Dir etwas mehr Mühe. Kauf Dir Bücher, durchforste das Internet und sprich mal mit Menschen, die im Bereich der Psychotherapie oder Psychiatrie arbeiten. Dann findest Du schon die geeigneten Materialien. Und verlasse Dich niemals nur auf eine Quelle! Gerade das Vergleichen und Hinterfragen bringt uns im Lernprozess weiter, das umfassende und ausführliche Betrachten und der

Versuch, auch Ungereimtheiten zu verstehen. Das kostet einiges an Mühe, bringt aber viel. Wir können nicht erwarten, alles immer auf einem goldenen Tablett serviert zu bekommen. Immer wieder erlebe ich Lernende, die nach dem kürzesten und bequemsten Weg der Prüfungsvorbereitung suchen. Das ist natürlich völlig legitim. Dennoch gibt es keine Abkürzungen. Der Weg zum Amtsarzt führt nicht über ein einziges Buch und auch nicht über eine mangelhafte Internetseite mit ein paar Probeprüfungen.

Wer sich die ganze Heilpraktikeridee ganz vermiesen will, sollte dann noch ein paar Lernerforen anklicken und sich den Rest an Hoffnung und Selbstvertrauen zerstören lassen. In den Meinungsforen treffen sich absolute Experten, die ihre traurigen Prüfungsgeschichten austauschen. Und vor allem gibt es da Geschichten von einem, den einer kennt, den der Berichterstatter kennt …

Meine Empfehlung lautet: Benutzt das Internet nur, um Bücher oder Ausbildungskurse zu suchen! Erspart Euch das Stöbern im Forum der Geplagten und Unwissenden! Und hinterfragt bitte alles kritisch, was Ihr zu lesen bekommt! Das Internet ist eine riesige Müllhalde, entscheidet sorgsam, was zum geistigen Recycling geeignet ist.

WARUM WIR DEN AMTSARZT ALS FEINDBILD NICHT BRAUCHEN

Feindbilder haben etwas Gutes. Wir können viel Verantwortung abgeben, wenn wir nur einen Feind finden, dem wir unser Versagen in die Schuhe schieben können. Damit ein einmal gefundener Feind auch als solcher anerkannt wird, trägt er am besten gleich die ganze Last der Missstände im eigenen Berufsumfeld. Bei Weiterbildungen und auf Messen sowie im Kontakt mit Prüfungsanwärtern und Heilpraktikerkollegen fällt mir immer wieder auf, dass es eine klare Abgrenzung der feindlichen Lager gibt. Heilpraktiker sehen meistens die Amtsärzte als die größten Feinde und mit ihnen das gesamte Gesundheitssystem. Die Amtsärzte als Abgesandte eines riesigen und maroden Gesundheits- und Krankenversorgungsapparates übernehmen im Kampf gegen uns die Vorreiterrolle der Ärzteschaft. Immerhin latente Bedrohung sehen die Heilpraktiker von den Geistheilern her kommend. Diese betreiben ja Heilung ohne jede Zulassung. Das wurde zwar gesetzlich geregelt und erlaubt, bleibt jedoch ein Dorn im Auge der blinden Heilpraktikerwelt. Wie anmaßend – die haben keine Erlaubnis, wir schon. Und die dürfen heilen? Ähnliches denken die Ärzte oft auch über Heilpraktiker, vergesst das nicht! Die wollen heilen und haben keine medizinische Fachausbildung – wir schon! Die Geistheiler hingegen sehen in den Heilpraktikern eine Bedrohung und fürchten sich vor Abmahnungen und Klagen gegen ihre Arbeit. Ganz schön verrückte Welt, ehrlich gesagt. In Wahrheit brauchen wir weder die Ärztewelt noch die Geistheiler noch sonst irgendjemanden oder eine bestimmte Gruppe als Feindbild. Wir sind es doch selbst, die sich gegenseitig das Leben schwer machen. Es sind schon genügend Heilpraktiker da, die sich gegenseitig erzählen, wie schlimm die Welt ist, und wie böse der Amtsarzt sein kann. Und überhaupt ist ja alle Welt gegen uns. Es mag kein Trost sein, dennoch weise ich darauf hin, dass auch die Ärzte sich gegenseitig fertig machen und dafür keinesfalls uns brauchen. Gleiches gilt für die Geistheiler. Die mobben sich bereits erfolgreich selbst, Heilpraktiker sind da kaum erforderlich.

Ohne den Beweis antreten zu können, was mir jedoch völlig egal ist, behaupte ich, dass es in den meisten Fällen das eigene Lager ist, das Gerüchte verbreitet und untereinander Unfrieden stiftet. Wenn Ihr das nicht glaubt, dann geht doch einmal zu einem Verbandstreffen oder lasst Euch als Aussteller bei einer Messe sehen. Dann wisst Ihr, was ich meine. Meine Botschaft ist einfach: ***Hört auf, Euch gegenseitig das Leben schwer und den eigenen Beruf schlecht zu machen.*** Es ist genug Platz für uns alle da!

Ich treffe immer häufiger Ärzte und Apotheker, die der alternativen Heilkunde durch Heilpraktiker offen gegenüberstehen. Skepsis und Kritik werden ja wohl noch erlaubt sein. Denkt immer daran, wie skeptisch Ihr gegenüber den schulmedizinischen Verfahren oft seid. Da könnt Ihr kaum erwarten, dass man Euch als die Heilsbringer feiern wird. Zumal Ihr das wohl kaum sein werdet. Ich jedenfalls habe, neben allen sturen Vertretern ihrer eigenen Zunft, bisher mehr Ärzte kennen gelernt, die Heilpraktikern gegenüber aufgeschlossen sind als das umgekehrt der Fall wäre.

DU SOLLTEST AUF DIE PRUEFUNG VERZICHTEN ...

... WENN DU DEINE BERUFUNG ALS EINE AUSREICHENDE GRUNDLAGE DEINER ARBEIT BETRACHTEST ...

... WENN DU ZU FAUL BIST, EIN JAHR LANG TAEGLICH DAFUER ZU LERNEN ...

... WENN DU DIR UEBER DIE PRUEFER MEHR GEDANKEN MACHST ALS UEBER DEIN FACHWISSEN ...

... WENN DU DAVON UEBERZEUGT BIST DASS ES EINE ANDERE ENTSCHEIDUNGSGRUNDLAGE ALS DIE BEURTEILUNG DEINER FAEHIGKEITEN IN DER PRUEFUNG GEBEN WIRD ...

... WENN DU AN DAS KOMPLOTT DER AMTSAERZTE GLAUBST ...

... WENN DU GLAUBST, DIESES BUCH UEBERTREIBE ...

MAINZ BLEIBT MAINZ EGAL WAS MAN MACHT

Ich gebe es zu: Auch ich ertappe mich dabei, zu glauben, dass die Prüfung der Heilpraktiker in Mainz ein bisschen schwerer ist als bei manch anderen Gesundheitsämtern. Gerade aus Rheinland-Pfalz ballen sich die Meldungen, die besagen, dass kaum jemand dort im ersten Anlauf besteht. Das mag natürlich sein, ich will es nicht bestreiten, weil ich es wirklich nicht weiß. Hin und wieder habe ich jedoch meine Zweifel, ob es wirklich so schlimm ist, wie man sagt. In einem Punkt bin ich mir jedoch sicher: Die Prüfung wird auch in Mainz im ersten Durchgang bestanden – wie häufig, weiß ich nicht. Zumindest kenne ich Heilpraktiker, die dort auf Anhieb ihre Prüfung bestanden haben. Als ich vor einiger Zeit mit Kollegen in Karlsruhe sprach und mir auch dort anhören musste, dass es nahezu unmöglich geworden sein, Heilpraktiker zu werden, fand ich das wie immer furchtbar langweilig und versuchte irgendwie das Thema zu wechseln. Interessant wurde es dann wieder, als einer zu mir sagte: "Sag' mal, in Saarbrücken ist es ja auch eher wie ein Lottogewinn, wenn einer besteht? Das soll ja noch schlimmer sein als hier in Karlsruhe." Jetzt war ich wieder etwas motivierter, der Unterhaltung zu folgen, denn das überraschte mich schon. Bisher war ich der Meinung, dass in Saarbrücken fair geprüft wird. Zumindest habe ich selbst vor einigen Jahren dort die Prüfugn abgelegt und kann mich nicht beklagen und jährlich erhalte ich entsprechende Rückmeldungen - natürlich auch andere. Im weiteren Gespräch stellte sich heraus, dass aus Sicht der Karlsruher Saarbrücken als einer der problematischsten Prüfungsorte gilt.

Im Saarland gibt es ähnliche Berichte von Mainz und so langsam wurde mir einiges klar. Vermutlich ist es überall so. In Norddeutschland wird es ähnliche Berichte geben. Im südwestdeutschen Raum wurde Husum jahrelang als idealer Prüfungsort gepriesen und viele behaupteten, dass die Erlaubnis dort regelrecht verschenkt worden wäre. Im Oktober 2008 rief mich dann eine frisch gebackene Heilpraktikerin für Psychotherapie an, die in Husum geprüft wurde und angab, eine von sieben Personen gewesen zu sein, die in Husum bestanden hätten. Insgesamt seien es ganze siebzig Prüflinge gewesen. Ich erspare mir die Mühe, das alles zu überprüfen, denn es ändert rein gar nichts an dem eigentlichen Plan hinter all den Geschichten über die Prüfung. Das Grundprinzip ist einfach: *Mein Prüfungsstandort ist auf jeden*

Fall der schwerste und daher ist es nicht meine Schuld, wenn ich durchfalle. Die Prüfungsstandorte in der Nähe sind auch nicht viel leichter, es bleibt mir keine Wahl, ich muss eine extrem schwere Prüfung machen und es ist nicht meine Schuld, wenn ich durchfalle. Selbst Ärzte wurden schon in die Prüfung eingeschleust und haben nicht bestanden – und das an meinem Prüfungsstandort. Meine Prüfung wird extrem schwer und es ist nicht meine Schuld, wenn ich durchfalle.

Ja, es ist schon problematisch, wenn man es am schwersten von allen hat. Als man mir erzählt hat, man hätte Ärzte in die Prüfung eingeschleust, die dann durchgefallen seien, fand ich es ziemlich schade, dass mir niemand die Adresse eines solchen Arztes geben konnte. Gerne würde ich einmal mit einem solchen Arzt sprechen. Vielleicht gibt es ja einen, der das wirklich gemacht hat. Ich würde mich unheimlich freuen, wenn Du, lieber Arzt da draußen, der Du die Heilpraktikerprüfung nicht bestanden hast, Dich bei mir meldest. Ich halte Deinen Namen auch geheim. Bitte, melde Dich!

Die Geschichte vom eingeschleusten Arzt fand ich jedenfalls ganz amüsant. Ich weiß zwar nicht, was einen Arzt auf so eine Idee bringen könnte, es brachte mich aber selbst auf die Idee, das einmal auszuprobieren. Mein Interesse als Heilpraktiker für Psychotherapie und Ausbilder von Heilpraktikern ist da schon groß. Wie unsinnig meine Überlegung war, merkte ich, als ich davon in einer Lerngruppe erzählte. Da wurde mir klar, dass das Begründungssystem für nicht bestandene Prüfungen doch recht ausgefeilt ist. Eine Kursteilnehmerin sagte nämlich zu mir: "Was wollen Sie denn damit beweisen, dass *Sie* die Prüfung in Mainz bestehen? Sie sind seit Jahren Heilpraktiker und arbeiten täglich mit Ihren Patienten. Außerdem bilden Sie so viele Menschen aus. Wenn *Sie* bestehen, sagt das gar nichts aus."

Ich überlegte einen Moment, ob sie Recht haben könnte. "Gut", sagte ich. "Wenn ich nicht bestehe, was bedeutet das dann?"

Nach einem kurzen Augenblick der Ruhe kam die Antwort. "Na, das wäre natürlich der Beweis, dass die Prüfung für Neulinge nicht zu bestehen ist."

Jetzt mal langsam, Ihr Angsthasen da draußen, entweder mein Prüfungsergebnis hat eine Bedeutung für Euch oder nicht. Ihr könnt es Euch nicht immer nur so aussuchen, wie es Euch in den Kram passt. Genau das ist aber der Fall. Was auch immer passieren würde, es steht schon vorher fest, was mein Prüfungsergebnis bedeuten würde. Nämlich, dass für Erstversucher die Prüfung nicht bestehbar ist. Mein Bestehen oder Nichtbestehen, ebenso wie das der eingeschleusten Ärzte, bestätigt immer das, was schon vorher feststand: *unbestehbar!* Mainz bleibt Mainz – was auch immer man macht!

Das drückt natürlich meine Motivation, doch noch nach Mainz in die Prüfung zu gehen, um mir das einmal aus der Nähe anzusehen. Aber, liebe Durchgefallenen und alle in Zukunft noch in Mainz Geprüften, wähnt Euch nicht in Sicherheit –

Wenn Ihr weiter jammert und klagt, melde ich mich dort an und bestehe die Prüfung! Darauf könnt Ihr Euch verlassen!

Die unsinnigsten Thesen zur Heilkundepruefung und zur Arbeit des Heilpraktikers

Die Gerüchte und Mythen rund um die Heilpraktikerprüfung halten sich hartnäckig, daran kann auch die größte Absurdität nichts ändern. Es scheint als sei jedes Argument gut genug, um die Boshaftigkeit der Prüfer und das Komplott der Amtsärzte gegen die Front der angehenden Heilpraktiker zu bestätigen. Mit Freude schlage ich den Angsttreibern ihre fadenscheinigen Argumente um die Ohren. Aber keine Angst, die sind so dünn, dass es eigentlich nicht sehr wehtun kann. Außerdem gibt es einige typische Behauptungen, die immer wieder in Heilpraktikerkreisen auftauchen und gegen die Vormacht der Schulmedizin vorgetragen werden. Auch einige davon will ich hier erwähnen, weil ich sie einfach nicht mehr hören kann. Fünf sture Behauptungen, die ich in meinen Kursen und von verzweifelten Lernern am Telefon immer wieder höre, möchte ich hier kommentieren – Das ist meine Realistenpflicht!

Amtsärzte fürchten die Konkurrenz der Heilpraktiker.

Ah ja! Was soll das eigentlich genau heißen? Ich höre das sehr oft. Glaubt denn wirklich einer, dass ein Amtsarzt sich vor uns fürchtet? Wieso sollte er das tun? Und was für eine Konkurrenz? Also ich kenne jedenfalls keinen Heilpraktiker, der jemals Amtsarzt geworden wäre, nicht einmal einen, der so blöd gewesen wäre, sich darum zu bewerben. Bevor Du nun das Buch in die Ecke wirfst, lieber Leser, ich weiß schon, dass die Gerüchtetreiber eigentlich sagen wollen, dass die Amtsärzte sich mit Ihren Ärztekollegen solidarisieren und uns deswegen vertreiben wollen. Ich meine es aber genauso ernst. Amtsärzte arbeiten in einer Behörde und sind von der ärztlichen Praxis weiter entfernt als sie es vielleicht zugeben würden. So etwas wie Konkurrenz auf dem Markt der Gesundheit ist einer Amtsperson ziemlich fremd. Sicher mag es auch Amtsärzte geben, die Heilpraktiker für überflüssig oder gar unsinnig halten. Um daraus ein Komplott zu schmieden, fehlt den Staatsdienern aber ganz sicher die Motivation, denn Heilpraktiker sind ganz sicher keine dramatische Konkurrenz für die kassenärztliche Versorgung. Es ist genug Platz für beide da, Arzt und Heilpraktiker. Und es wird immer genügend Menschen geben, die einen Heilpraktiker nicht bezahlen wollen oder auch nicht bezahlen können. Leute, bleibt auf dem Teppich!

*Die mündliche Prüfung ist von vorne-
herein darauf angelegt, dass sie kaum
zu bestehen ist.*

Warum eigentlich so kompliziert? Es
wäre viel einfacher, die schriftliche
Prüfung so schwer zu machen, dass es
viel weniger Kandidaten zum Mündlichen schaffen. Das wäre dann auch
viel weniger Arbeit. Glaubt Ihr wirklich, dass es Spaß macht, acht Stunden
am Tag das Gestammel von Heilpraktikeranwärtern in der Prüfung zu hören. Zehn Prüfungstermine pro Tag
sind keine Seltenheit. Zehn langweilige
Geschichten, wie es zur eigenen Berufung kam, zehn Erlebnisberichte zur
eigenen Erfahrung mit Psychiatrie und
Psychotherapie, zehn Fragerunden,
zehn schwitzende Heiler, die einen
Beitrag zur Volksgesundheit leisten
wollen. Nein, ich denke, es wäre viel
bequemer, eine so schwere schriftliche

Prüfung zu konstruieren, dass es erst gar nicht zu dieser Fülle an mündlichen Prüfungen kommt. Wer die schriftliche Prüfung besteht, geht meistens davon aus, das notwendige Wissen verfügbar zu haben. Das stimmt aber nicht unbedingt. In einer Multiple-Choice-Prüfung wird ausschließlich passives Wissen abgefragt. Etwas aktiv zu reproduzieren, ist etwas völlig anderes. Erst da zeigt sich, was einer wirklich kann!

Heilpraktiker behandeln immer ganzheitlich und das stört den Amtsarzt
Ja, und die ganze Welt ist neidisch auf die ganzheitlichen Heiler, denn niemand sonst denkt oder handelt über den eigenen Tellerrand hinaus. Also, wer denkt, dass er gleich ganzheitlich oder irgendwie besonders handelt oder behandelt, nur weil an seiner Tür

"Heilpraktiker" steht, der sollte sich mal ganzheitlich behandeln lassen, damit er wieder klar sieht. Manchmal könnte man denken, dass genau das aber der Fall ist. Ich erinnere mich an die Begrüßungsansprache des Vorsitzenden eines Heilpraktikerverbandes anlässlich einer kleinen Gesundheitsmesse. Er schloss seine stolprige Ansprache mit den Worten: "Wir müssen mehr für unsere Mitglieder tun und die Öffentlichkeit besser informieren. Wir behandeln die Menschen nämlich ganzheitlich."

Ich frage mich, was er wohl damit gemeint hat. Ich hätte ihn sicher fragen können. Wahrscheinlich hätte man mich für einen Amtsarztspitzel gehalten und gleich zwangsbehandelt, gegen meinen Willen, aber dafür ganzheitlich. Warum sagt nicht einmal einer aus Überzeugung die Wahrheit, nämlich dass wir genauso viel und genauso wenig ganzheitlich behandeln wie all die anderen Heiler auch, ob Ärzte, Geistheiler oder Medizinmänner. Wir handeln doch alle einfach nur sehr verschieden und – so hoffe ich zumindest – wir versuchen es alle möglichst gut zu machen, zum Wohle unserer Patienten (nennt sie von mir aus anders, wenn sich das Gefühl der Ganzheitlichkeit dann eher einstellt). Ganzheitlichkeit ist ein großes Wort und ich frage mich, ob eine solche Behandlung überhaupt von einem einzigen Menschen zu leisten ist. Ich beanspruche eine solche Arbeitsweise jedenfalls nicht und sehe auch keine wirkliche Notwendigkeit in einer ganzheitlichen Arbeit des einzelnen. Für mich bedeutet es vielmehr, auch die Möglichkeit zu sehen, dass meine Arbeitsweise einmal nicht geeignet ist bzw. ein anderer die weitere Behandlung übernehmen sollte. Ganzheitlichkeit bedeutet ja genau genommen, dass aus jeder Richtung auf ein Problem geschaut werden sollte und dass möglichst viele Aspekte des Problems mit einbezogen werden sollten. Das Ablehnen der Schulmedizin oder irgendeines anderen Verfahrens widerspricht dem Grundgedanken der Ganzheitlichkeit. Meistens aber erlebe ich, wenn ich im Gespräch einmal nachhake, dass die Ganzheitlichkeitsapostel eigentlich sagen wollen, sie würden "umfassender" behandeln – und natürlich denken – als Ärzte. Zwischen der "umfassenden Arbeitsweise" der meisten Heilpraktiker, die ich bisher kennen gelernt habe, und einer wirklichen Ganzheitlichkeit liegt eine Distanz, die etwa so groß ist wie der Abstand zwischen einer lustigen Idee und einem manifesten Größenwahn. Werdet jetzt aber nicht allzu böse, liebe Ganzheitlichen, Ihr dürft mich gerne zu den Dilettanten zählen, die das einfach nicht können – Ihr habt mir was voraus!

Ärzte behandeln nur Symptome, Heilpraktiker behandeln Ursachen

Das wird ja immer damit begründet, dass Heilpraktiker sich auch um die Seele des Menschen kümmern. Im besten Fall tun sie das auch, gute Ärzte denken daran aber genauso. Ich lasse mich selbst von Ärzten, aber auch von Heilpraktikern behandeln, wenn ich mich krank fühle. Mit dem Blick über alle, die ich bisher kennen lernen durfte, glaube ich, dass es sowohl bei den einen als auch bei den anderen solche und solche gibt. Schlimm ist ja nicht, dass mich diese Standardaussagen ärgern, schlimm ist, dass diese Heilerfloskeln uns einen seltsamen Ruf einbringen und uns den Anstrich einfältiger Trottel geben. Ich bitte Euch, Ihr Floskelverkünder: Bewahrt Euch wenigstens einen Rest an Würde und seid ab uns zu mal still.

Ärzte handeln erst, wenn das Kind in den Brunnen gefallen ist und betreiben keine Prophylaxe.

Der größte Beitrag zur Vorsorge und damit zur Gesunderhaltung noch bevor die ersten Symptome auftreten, nennt sich Impfung und ist eine große Errungenschaft der Medizin. Aber das ist nicht das eigentliche Problem. Was viel störender an der Generalverurteilung der Schulmedizin als Prophylaxefeind ist, zeigt sich darin, dass sonst auch niemand besonders viel Prophylaxe betreibt, was aber in der Natur der Sache liegt. Wer sich krank fühlt, geht zum Arzt oder zum Heilpraktiker. Dort wird ihm – wenn er Glück hat – geholfen. Allzu viele Gesunde werden wir nicht dazu überreden können, zu uns in die Heilpraktikerpraxis zu kommen, um sich vor dem Krankwerden zu schützen. Das heißt nun nicht, dass es keine Prophylaxeangebote von Heilpraktikern gibt. Im Gegenteil, es gibt einiges. Die Kurspalette der Vorsorgeinformationen ist riesig und das ist selbstverständlich gut so. Nur, besser als die medizinische Vorsorge ist das nicht, bloß anders. Die Liste könnte man sicher ergänzen. Ich ahne schon, dass viele Leser nun denken werden: Der übertreibt. So denkt niemand. – Dann ist ja alles in Ordnung.

Die unsinnigsten Fragen in der Vorbereitung auf die Pruefung

Man sagt ja, es gäbe keine dummen Fragen, allenfalls dumme Antworten. Ich will nachsichtig sein, vielleicht gibt es wirklich keine dummen Fragen. Unsinnige aber gibt es auf jeden Fall. Die folgenden höre ich besonders häufig. Zum Ausgleich, liebe Leser, dürft Ihr meine Antworten gerne als dumm bezeichnen – wenn Ihr davon überzeugt seid, dass sie es sind!

Welches Gesundheitsamt prüft am leichtesten?

Es ist schon so, dass sich in bestimmten Regionen die Berichte von besonders schwierigen Prüfungen verdichten und niemand würde ernsthaft behaupten, dass es keine Unterschiede gibt. Prüfungen sind so vielfältig wie die Menschen, die als Prüfer auftreten. Das Problem an der Frage liegt darin, dass es eigentlich um die Frage geht, wie man am bequemsten durch die Prüfung kommt. Und das sagt schon sehr viel über die Grundhaltung aus. Nicht die Schwierigkeit der Prüfung ist ausschlaggebend, sondern das vorhandene Fachwissen.

Wie viele bestehen hier eigentlich die Prüfung?
Einige Tage vor einem zweitägigen Prüfungstraining, das ich in meiner Praxis angeboten hatte, rief mich eine Frau an und fragte, wie viele Teilnehmer eines solchen Prüfungstrainings eigentlich die Prüfung bestehen würden. Ein zweitägiges Prüfungstraining setzt voraus, dass das Fachwissen bereits vorhanden ist. Es geht um gezieltes Üben für die Prüfungssituation und um eine Selbstkontrolle, eine Art Generalprobe mit Auswertung und Lernempfehlung für den letzten Schliff. Es

spielt aber eigentlich keine Rolle, ob diese Frage vor einem Prüfungstraining oder zu Beginn einer längeren Ausbildung gestellt wird. Es ist der falsche Weg. Kein Ausbilder, kein Buch und kein Sonstwas ist verantwortlich für den Prüfungserfolg, sondern nur der Geprüfte selbst. Natürlich möchte man von jemandem ausgebildet werden, der auch weiß, wovon er spricht. Ich erlebe jedoch sehr oft, dass Eigenverantwortung abgegeben wird - und das ist der falsche Weg!

Welche Inhalte der Medizin/ Psychiatrie sind eigentlich überflüssig?
Gar keine! Es gibt überhaupt keinen Grund, anzunehmen, dass irgendetwas weggelassen werden könnte. Ich empfehle jedem, das Fachwissen der Medizin für den großen Heilpraktiker und das Fachwissen der Psychiatrie für den

kleinen Heilpraktiker so ausführlich und umfassend wie möglich zu lernen. Es gibt kein Mindestwissen. Alles ist wichtig – Basta!

Wie ausführlich muss ich alles lernen?
So ausführlich wie es irgendwie geht. Liebe Lernenden, jetzt hört mal auf, immer zu fragen, wie alles am schnellsten und am einfachsten geht. Wer zur Heilpraktikerprüfung gehen will, muss die Themen der Medizin oder Psychiatrie zu seiner eigenen Sache machen und das meine ich genauso, wie ich es sage. Es gibt nichts Wichtigeres zu lernen als genau das, und es muss jede freie Minute ausfüllen. Nur derjenige, der etwas aufwendet, wird es auch schaffen. Wer jetzt anfängt und tausend andere Dinge aufzählt, die alle viel wichtiger sind, sollte es lassen.

Denkt daran, dass Ihr die Berufenen seid!

In welchem Buch finde ich eigentlich das gesamte Prüfungswissen?

Für diese Experten schreibe ich irgendwann ein solches Buch. In dem wird alles stehen, was es zu wissen gibt, ausnahmslos alles und in jeder denkbaren Formulierung, damit es auch auf jeden Fall verstanden wird. Und ich werde alle Amtsärzte dazu überreden, sich genau an die Formulierungen meines Buches zu halten, damit die Prüfung endlich fair wird. Vermutlich wird das Buch zehntausend Seiten haben. Aber wenigstens habt Ihr dann ein einziges!

Wie lange brauche ich, um alles zu lernen?

Woher soll ich das wissen? Das hängt von Vorerfahrungen ab, von Lerngewohnheiten und auch davon, was sonst noch jeden Tag in den Kopf des Lerners rein und raus geht. Der einzige Weg, um zu entscheiden, wie lange das Lernen dauern wird, ob es nun ein halbes, ein ganzes oder zwei Jahre dauert, bis das Wissen umfassend und sattelfest ist, kann der Lernende nur selbst beurteilen und zwar erst dann, wenn er einmal begonnen hat, die Themen zu sichten und sich einen Überblick zu verschaffen – frühestens dann!

Wie viel von dem Fachwissen benötige ich eigentlich in der Praxis?

Alles! Ich habe überhaupt nichts gelernt, was ich in meiner praktischen Arbeit nicht brauche. Das ist auch gar nicht möglich. Etwas über Krankheiten, Prognosen, Behandlungsformen und Fallgeschichten zu lernen, kann niemals unbrauchbar sein. In der täglichen Arbeit eines Heilpraktikers kommt es auf Erfahrung an. Diese baut sich über die Jahre hinweg immer mehr auf. Erfahrung beruht immer auf der Auswertung von Erlebnissen. Die Basis der Auswertung ist Fachwissen!

Kann ich meine praktischen Fähigkeiten auch autodidaktisch lernen?
Als Generalprobe schlage ich vor, so etwas einmal mit dem Autofahren auszuprobieren. Da gibt es sicherlich Bücher, die alles genau beschreiben. Ich bin großzügig. Wer möchte, kann sich das Autofahren auch von jemandem erklären lassen, der es schon kann. Und dann wird es ja wohl klappen. Gute Reise!

DER WEG DES ERFOLGES

Noch ist nicht aller Tage Abend. Immer noch gibt es genügend Menschen, die gerne als Heilpraktiker arbeiten möchten, ob aus Berufung oder aus Interesse, und daher das Notwendige in Kauf nehmen und sorgsam lernen. Und auch, wenn es in der Prüfung schief geht, was ja wirklich keine Schande ist, lassen sie sich nicht unterkriegen und greifen nochmal an. Es gibt so viele Menschen, die den Führerschein nicht im ersten Anlauf schaffen. Da ist es zu verzeihen, wenn die Heilpraktikerprüfung auch nicht auf Anhieb gelingt. Erfolg ist möglich und er kommt jedes Jahr viele Male vor, denn jährlich gibt es mehr und mehr Heilpraktiker. Die eigentliche Herausforderung beginnt erst nachdem die Urkunde ausgestellt wird. Denn nur wenige schaffen es tatsächlich, mit einer eigenen Praxis erfolgreich zu sein und ihren Lebensunterhalt damit zu verdienen. Das dämpft jetzt vielleicht die Motivation, muss aber gesagt werden, denn es ist eine Wahrheit.

Ich arbeite seit Jahren mit Beratern und angehenden Heilpraktikern und weiß genau, was notwendig ist, um mit einer eigenen Praxis beruflich erfolgreich zu sein. Keine Frage, die Heilpraktikerprüfung ist schwierig. Was dann kommt, ist jedoch um ein Vielfaches problematischer. Wenn ich Prüfungsanwärtern sage, sie sollen rechtzeitig eine Zukunftsplanung machen und darüber nachdenken, wie es nach der Prüfung weitergehen soll, höre ich häufig dasselbe: Das hat noch Zeit … oder … Ich möchte nicht gleich als Heilpraktiker arbeiten … oder … Hauptsache ich habe die Erlaubnis … oder … Was ich dann mache, weiß ich noch nicht und will ich auch noch nicht festlegen ... oder ... Vielleicht werde ich niemals als Heilpraktiker arbeiten ... oder ... Vielleicht auch doch ...

Zur Führerscheinprüfung geht auch keiner, der noch nicht weiß, ob er jemals Autofahren möchte. Wer so halbseiden zur Prüfung geht, wird diese Grundhaltung auch in der Prüfung einnehmen und das kommt deutlich an, darauf könnt Ihr Euch verlassen. Was soll jemand mit der Erlaubnis, der noch gar nicht weiß, ob er sie überhaupt haben will. Liebe Prüfungsanwärter: *Ihr müsst vorausdenken. Nur wer groß denkt, kann auch groß werden! Plant Eure Zukunft, macht Euch Gedanken! Besteht die Prüfung!*

DU SOLLTEST NUR ZUR PRUEFUNG GEHEN ...

... WENN DU DANACH AUCH WIRKLICH ALS HEILPRAKTIKER ARBEITEN WILLST ...

... WENN DU BEREIT BIST, DIE VORBEREITUNG GANZ ZU DEINER SACHE ZU MACHEN ...

... WENN DU EINSIEHST, DASS ES SO ETWAS WIE KRANKHEITEN GIBT, DIE DU BEHANDELN WIRST ...

... WENN DU BEREIT BIST, GELD AUSZUGEBEN FUER FACHLITERATUR UND AUSBILDUNG ...

... WENN DU BEREIT BIST, VIEL FREIZEIT ZU OPFERN ZUM LERNEN, LERNEN, LERNEN ...

... WENN DU BEREIT BIST, EINE PRAKTISCHE AUSBILDUNG ZU MACHEN ...

...WENN DU BEREIT BIST, SELBST DIE VERANTWORTUNG FUER DAS ERGEBNIS DER PUEFUNG ZU TRAGEN ...

BUCHEMPFEHLUNGEN

LieberLeser!

Wenn Du schon Heilpraktiker bist, benötigst Du keine Buchempfehlungen. Du solltest Deine Fachbücher bereits besitzen. Falls Du aber gerne Heilpraktiker werden möchtest und noch nicht genau weißt, wie das geht oder welche Bücher Du lesen solltest, sei bitte nicht traurig oder zumindest ein wenig einsichtig und kümmere Dich selbst um das Notwendige. Wenn Du Dein Ziel wirklich erreichen willst, wirst Du den Weg dorthin auch finden.

SCHLUSSWORT

Genau genommen ist das ganze Buch ein Schlusswort an all diejenigen, die noch immer das Komplott der Amtsärzte für das eigene Scheitern verantwortlich machen und dabei ignorieren, dass jährlich viele neue Heilpraktiker auf den Markt der Heilung strömen und das sicherlich ohne Bestechung der Prüfer geschafft haben. Dennoch möchte ich zum Schluss all denen Dank sagen, die ihren Beitrag dazu leisten, den Mythos vom Drama Heilkundeprüfung nicht zu schüren und stattdessen versuchen, den Lernenden Mut zu machen und ihnen zu sagen, dass wir alle nur mit Wasser kochen und selbst in der Prüfung nur damit gekocht haben. Allen, die sich durch meine direkten Aussagen und meinen klaren Standpunkt auf die Füße getreten fühlen, möchte ich mein begrenztes Mitgefühl aussprechen. Wahrscheinlich kann ich Euch nur deswegen so leicht auf die Füße treten, weil Ihr auf der Stelle steht. Fangt einfach an, Euch zu bewegen, dann wird es zumindest schwerer, im besten Fall ist es sogar nicht mehr notwendig. Alle Anwärter der amtsärztlichen Überprüfung möchte ich dazu auffordern, den Nachfolgern später nicht mit der gleichen Ignoranz zu begegnen, wie das in der eigenen Vorbereitung der Fall war. Und wenn der ganze in diesem Buch kommentierte Unsinn für Dich, lieber Leser, völlig neu ist, freue ich mich aufrichtig und beglückwünsche Dich schon jetzt. Deine Freunde verdienen ihren Namen!

FUER REALISTEN

DIE ERBEN DES DAEDALUS
BETRUEGER IM HELFERGEWAND

"Angenommen, zwei Pädagogen hätten die gleiche Ausbildung, die gleichen Fähigkeiten, den gleichen Erfahrungsschatz, keiner von beiden könnte auf Handlungsmöglichkeiten, Gedanken und Gefühle zurückgreifen, die der andere nicht auch verfügbar hätte. Nehmen wir weiter an, bei dem einem erfahren die Klienten Selbsterkenntnis, Entwicklung und Fortschritt und die Klienten des anderen behalten das Gefühl, dass etwas nicht stimmt, dass sie ständig auf der Stelle treten und der Pädagoge nicht viel helfen kann. Bezeichnen wir den ersten einmal als guten Pädagogen und den zweiten als mittelmäßigen. Was hat nun der Gute, das dem Mittelmäßigen fehlt?"

"Die Erben des Dädalus" beantwortet diese Frage und entlarvt dabei den alltäglichen Betrug der Pädagogen an Hilfe suchenden Menschen. Es wurde für alle geschrieben, die sich schon immer gefragt haben, warum Pädagogen so häufig hilflos sind.

Simon, Ingo Michael: Die Erben des Dädalus. Betrüger im Helfergewand. ISBN: 978-3-8334-6685-4